AF193377

Estrellas de papel

Paz Castro

Estrellas de papel
Paz Castro

Diseño de la cubierta: Equipo de diseño de Universo de Letras
Imagen de cubierta: ©Shutterstock.com

Obra publicada por el sello Universo de Letras
www.universodeletras.com

Primera edición: 2024

ISBN: 9788410004702
ISBN eBook: 9788410004948

Para las relaciones que no debieron ser,
pero que cuando fueron,
acabaron con el mundo entero.
Para las personas que aman demasiado,
para los que no aman del todo,
para los poetas,
para los ignorantes en el amor;
los egoístas en el amor,
los salvadores en una relación.
Para todos los que se han enamorado
con y sin condiciones.
Y para los que sus sentimientos son tan frágiles
como las estrellas de papel.

Yo amaba la lluvia, él la odiaba.
Yo odiaba el sol, él lo amaba.
Entonces, yo le enseñé a amar la lluvia y
él me enseñó a amar el sol.
Quién hubiera imaginado que nos romperíamos el corazón.
Sus estrellas de papel se mojaron con mi lluvia,
mis cariños de espinas se secaron por su sol.
Su sonrisa se quedó en aquel prado seco,
mi llanto prevaleció en aquella fuente, lejos.
Como una historia que no tiene fin,
como atril sin sustento.
Como un subcutáneo reencuentro,
remoto a lo que conocíamos como armamento.
Como un libro sin solapa, sus migajas no me bastan.
Como el río en el invierno, en su frío me encuentro.
En mis manos lo siento, con mis labios lo pienso.
En mis noches lo extraño,
en mis días lo quiero.
En mi piel se impregnó cuando lastimé su corazón.
De su piel desvanecí al no buscar el perdón.
Él amó la lluvia, yo amé el sol.
Nos enseñamos a amar con el costo de perder un amor.

El perfume que se manifestó por el viento
de tu mar me cegó junto a la sonrisa de tus ojos.
Mis reojos cautivaron el dolor de tus pisadas,
no repetiste los errores que emanaban.
Todavía veo el singular espacio de tu boca,
sin el roce de esta no hubiésemos terminado igual.

Ahora te anhelo,
antes te anhelaba,
después te anhelaré,
mas,
no veo una esperanza.

Nunca fui poeta experta,
tú decías lo contrario,
me negaba a pensar que la estima de tu corazón
no te permitía ver el detalle insignificante
que había en mi persona.

Te vi en la baja mar,
dentro de tus pensamientos al andar,
alto era mi orgullo y yo pensaba que
con tan poco no se vive bien,
sino con lo bien que vivimos en tan poco.

Traté de animar la casi muerte de tu mirada,
no pude respaldar tu espada,
esa que me comió viva antes de llegar al duelo final.
Destacaron tus eximios sin saber llevar el peso de tu éxito,
sin duda se acabó el mérito,
ahora sólo queda tu descenso;
mi lástima,

los secretos,
las mentiras,
los besos muertos,
los abrazos incompletos y los propósitos
que nunca se vieron desenvueltos.

La vida me premió con el mensaje de tu voz,
la vida te premió con la confianza de mi corazón,
el momento acabó cuando en tres, dos, uno...
ya no quedaba más amor.

Nublado estaba cuando te cautivé,
se mezclaron nuestros enemigos en un juego del cielo.
Vi cómo te sienta un mar dorado que traes por allí,
combinación perfecta con tus labios carmesí.
Lo vi volar en el viento,
pero eso ya lo sabes,
lo vi volar por tus ojos, ojizarco con deidades,
no eras tan diferente para yo poder llamarte especial,
pero sí fuiste especial para *mí*,
lo suficiente para haberte llamado diferente.

No fue el frío de mis ojos el que te llamó,
fue la indiferencia ante tu hermosura, aún,
aunque en mi mente estuviese saboreando
hasta la última parte
de tu cielo,
de tus brazos,
de tu armadura; blanca y brillante,
salpicando alegría.

No fue el calor de tu mirada el que me llamó,
fue la energía que destilaba tu mover, aún,
aunque evitases demostrar que sí tenías un corazón,
porque, ¿qué es más orgulloso que un corazón roto?

Tus primeras palabras sellaron el inicio de nuestra historia sin
dejar rastro de heridas atrás. ¿A quiénes más verían los demás si
no a tu sol radiante y a mi lluvia torrente?

Tu sombra todavía me sigue en el choque de las hojas,
pues tú decías que estarías conmigo, aun así, las hojas de
otoño no volviesen a caer,
y yo decía que ojalá cayeran,
únicamente era para ver tu expresión,
ya que, yo jamás hubiese querido sentirte lejos de mí.
Supongo que, después de todo,
al fin me escuchaste y decidiste ponerle fin a lo que
parecía ser nuestra decadencia.

Sé que ves mi reflejo en los charcos.
Yo te decía que jamás me olvidarías,
y ahora que no te tengo en mi cielo
quisiera bajarte una estrella para que se vean
flagrantes mis lágrimas en el agua oscura.

Veíamos el futuro como si no ha de haber un pasado,
porque tus demonios y los míos se miraban a los ojos
y se peleaban por quién sería el que lo derrocaría todo.

No veíamos nuestro presente,
que era el que nos exigía piedad entre nuestras contrariedades,
mis cariños de espinas se dejaron atrapar,
apaciguaste por un momento mis latidos de sal y vertiste miel
hasta que no quedó ni una pizca de amargura,
empero mi tormenta se llevó tu trabajo y ya no vertías dulce,
sino que contundencia.

Depender del toque de tus brazos no estaba en mis planes, y, aun así, lograste escudriñar mi corazón y llegaste a desear cada partícula de mí.

No obstante, ¿para qué volver a cuando éramos obstinados y recios? Volvamos a cuando todavía nos queríamos con inocencia, sin certeza de lo que nos pasaría.

Las nubes no eran grises, eran blancas, miríficas, el sol no estaba oculto, salía cada vez que nosotros dábamos un paso hacia adelante. No tomábamos nuestras manos... aún, pero sí disfrutábamos de la cercanía que provocamos.

El sueño de ser más nos superó
y eso fue lo que terminamos siendo, más;
más que amigos,
luego más que una pareja,
después más que extraños
y finalmente, más que desconocidos.

O, con exactitud, eso fue lo que nos volvimos,
ya no somos más,
sino que somos un menos;
menos que una pareja,
menos que amigos,
menos que extraños,
ahora siento que no te conozco.
¿Todavía me conocerás tú a mí?

La primera vez que salimos con el sol dando en nuestras caras,
me di cuenta de la hermosura que irradiaba
de las piedras zafiro que posees;
me di cuenta de la postura tan recta de tu espalda,
de la curva que se hacía en tus labios cuando esbozabas
una sonrisa traviesa,
de la flexión en tus brazos cada vez que los movías,
de tu mar dorado volando con la brisa.

Noté los residuos de dolor que orbitaban
en tus ventanas desalmadas,
eso no me impidió amarte
como una completa loca.
Tú viste las flores marchitas que se apreciaban en mis ojeras,
de todos modos,
eso no te impidió querer pasar una vida conmigo.

Fuimos amigos primero
con el deseo de sonreírnos
todos los días de nuestra mísera vida.
Quizás era mísera para mí,
mi madre me decía que soy una malagradecida;
«No puede ser tan cierto», pensaba, y en definitiva, sí lo era.

Volvamos a ti y a mí.
Volvamos a tu amor y el mío.
Volvamos a tus palabras y a mis caricias.
Volvamos a tus abrazos y a mis falsos regaños hacia ellos.
Volvamos a actuar como los amigos ideales que encontramos
en nosotros alguna vez.

Todavía recuerdo la ropa que cubría tu cielo en nuestro segundo encuentro.

Ni siquiera me fijé en los hombres que divagaban en mis ojos, porque los tuyos captaban los míos y de tus piedras preciosas no había salida.

Escapar del laberinto de mi mente fue un reto que te costó completar, cuando te liberaste me sentí vacía, supongo que tú te sentiste feliz.

No hubo mejor sensación que la de mojarme en la lluvia contigo, casi sin poder dar un respiro, casi sin mirar atrás, porque no había nada que me hiciese dudar.

No dejabas de decirme lo hermosa que me veía por mi vestido pegado a mi piel como un bebé a su madre, como unos mejores amigos, como tú y yo en nuestro inicio, me miraste con deseo y no me sentí aludida, porque siempre dejaste que mis estrellas de papel se formasen primero, así que no había duda de que dejabas lo mejor para la línea final.

Cuando descubrí tu amor por el día,
por el sol,
decidí mostrarte mi prado,
recorrimos la ciudad hasta llegar a (como decía yo)
lo especial de la vida,
ahí permanecimos,
viendo el sol ocultarse al ritmo de tus
melodías preferidas.

Nunca me gustó el sol,
pero aprendí a amarlo porque
tú eras lo que brillaba en mis mañanas.
Entonces, aproveché cada minuto al verte feliz
contemplando tu preciado día.

Siempre me pregunté por qué fue ese espacio
tan especial para mí,
pues no era amante de los rayos de tu amada estrella,
pero me di cuenta de que estábamos destinados a encontrarnos
y primero tenía que amar lo que vendría contigo para
ahorrarme las sorpresas, e irónicamente,
no dejaste de sorprenderme cada día.

De modo que tuve que aprender
a ver al sol sin taparlo con el pulgar,
después de todo,
me enseñaste a querer el calor de las tardes
y el sol de las mañanas.

Cuando descubriste mi amor por la noche,
por la luna,
decidiste mostrarme tu fuente.
Cruzamos un río oscuro mientras la luna saliendo
nos daba un beso de luz en la cara.
Vi tu fuente rodeada de flores,
de monedas y deseos.

Nunca te gustó la lluvia,
pero aprendiste a amarla con sus imperfecciones
porque yo era la llovizna en tus noches
y el granizo en tu calma.
Veías cómo con detenimiento yo apreciaba
cada gota que desprendía esa fuente.

Si tan sólo hubieses sabido que tu fuente
era el previo aviso de que yo llegaría a tu vida...

Nunca desechaste la idea loca de amar la lluvia,
con todo y sus truenos,
con todo y el frío,
te arriesgaste a mojarte y a veces a resbalar
en el camino porque llegaste a estimar la lluvia
en tus tardes calurosas,
tu sonrisa crecía al ver mi prado mojado en las noches,
y yo sonreía cuando veía sol
dando en las flores de tu fuente.

Así, tuviste que aprender a estar bajo la lluvia
sin un paraguas,
después de todo,
te enseñé a querer al frío de las noches
y la lluvia de las mañanas.

Con el pasar de los meses, nos convertimos en el centro del otro:
Yo en tu luna. Tú en mi sol.
Como luceros constantes que andaban
detrás de la aprobación del otro,
apenas en la etapa renaciente del enamoramiento,
con el arrepentimiento de no habernos encontrado antes.
Si hubiese sabido que sería el verdugo de tu existencia,
no habría de arrebatarte la oportunidad de huir.

Ni siquiera pensábamos a la hora de los besos
que estaríamos envueltos en una situación
que nos obligaría a apostar
por el amor del otro.
«Apuesto a que no harías esto por amor».
«Te apuesto a que yo te quiero más».
Pues, yo te apuesto que ya te has olvidado de mí.
Te apuesto a que no dejaré de amarte
aun así encuentre otro amor.
Te apuesto ante el mundo entero
que alguien te amará más de lo que yo lo hice
y aún te maldeciría a ti por ello.

El orgullo está reservado para personas como yo;
como yo,
que no dan lo suficiente,
que no hacen lo suficiente,
que no aman de la forma correcta.
Tú me decías que te dolía
la manera en la que amo a *otros*.
Después te dolió porque eres parte
de los *otros* que amo.
No eres cualquiera de los otros que amo,
eres *él*,
otro que amo con fuerzas,
más de lo que
amaría a cualquiera.

Sintetizar mi amor era fácil para ti, de
modo que, no llegaba a los pies del tuyo.

La valentía está reservada para personas como tú,
que son capaces de hacer todo,
incluso lo imposible para lograr lo que se proponen.
Tú me decías que eres demasiado
bueno para este mundo,
yo volvía mis ojos blancos
sin poder creer tu egocentrismo,
exceptuando que,
con el pasar de los años me di cuenta
de lo que te referías.
Tu mundo era yo
y yo nunca había sonreído
tanto junto a alguien.

La constancia de tus abrazos respaldó mi cielo en los días más nublados, sin querer, me desvié en la fusión de tu universo, flotando entre las nebulosas que revoloteaban mi corazón. Ni siquiera las estrellas de papel fueron tan frágiles como para seguir el rumbo que tomé y desvanecerse en el inicio de la jornada.

Cuando nuestros cielos se juntaban, parecían una explosión hecha por el vicio de desearnos juntos. Nunca fui de esas que buscaban llenarse con los cielos de otros, pero el tuyo tenía estrellas que me hacían querer más y juntar las tuyas con las mías. Sin duda, era infinita la posibilidad de caernos sobre el manto de mi cama, con mi nube nublada de deseo y tu sol ardiendo por tenerme.

Éramos felices sin ni siquiera saberlo, éramos libres sin haberlo buscado, pese a ello, nos condené con el deseo más amargo de mi conciencia, el cual era ser feliz contigo, y en un punto, tu amor no estaba siendo suficiente para mí, tampoco vi el chance de que me dejaras irme, pues tu amor magnético era más fuerte y yo siempre volvía a ti, aun así, no me merecieras (o eso pensaba yo), y aún creías que yo era la indicada.

El instante en donde tu nube
se vio envuelta
en mis problemas,
se te olvidó
la paciencia y a mí la empatía.
Me queda claro que el resquicio
de nuestras bocas
nos impedía odiarnos.

El instante en el que tu mar dorado
se enredó entre mis dedos,
fue el momento en donde aprendí
que no todos los desastres son tan malos...,
si tan sólo dieras un poquito más.

Tu sequía me atravesó
en un sinfín de excusas,
me llevo la culpa de todos
los días en donde no supiste
manejar mis preguntas
estúpidas y sin rumbo,
con los celos ahorcando
la entrada y salida de mi aire.

En mi futuro tan cercano te veía en lo lejano,
no entendía si perecían mis ganas de amar
o si tropezaban tus ganas de amarme.
Si tus emociones hubiesen sido
más fáciles de expresar con abulia,
te hubieras ahorrado el camino que recorrimos
y así no hubieses malgastado tu destino,
lleno de quejas,

lleno de apatía,
y tal vez fui yo la culpable,
que nunca acepté tu perdón.

Mas
no todo fue tan malo,
de hecho,
no *todo* fue malo,
ya que, cuando me viste pasar sentí tu mirar
y me negaba a pensar que un ser humano
de *verme* pudiese ser capaz.

El rubio nunca me gustó hasta que tu mar dorado
rozó mi cuello cuando en mi pecho durmió,
cuando en sus trazos me encontré,
cuando en mis recuerdos vivió.

El recuerdo de tu mar me invade todavía,
sabría que vendrías buscando nuevas salidas
porque eres como un náufrago que no se ha
encontrado todavía, que debe perderse para
encontrarse en su suerte.

El viento no es preciso,
sino cuando tu mar bravo en él se enreda.
Pensaba que el viento sabía por dónde
debe llegarte:
a los pies,
luego a las manos,
a los hombros y
a tus labios.

Bendito sea el viento que
se cruza por tu mar,
dorado como el oro,
espeso como un charco,
suave como el lino,
con ondas de mar que vienen y van.

¡Qué intenso el sol que presume sus atributos!
¡Qué envidiosa la luna por ver al sol amarse!
Qué ironía la de la vida en concretizar una relación
rodeada de escombros.

El brillo de tu pensamiento me cegó
junto al despampanante brillo de tu sonrisa,
saber que quisiste hacerme tuya sin condiciones
fue la gota que derramó el vaso,
porque,
¿cómo podrías amarme tanto
para no pedirme nada a cambio?
Me negué a ser tuya y no darte nada por ello,
por eso te di mi cielo después de haberte
entregado mis estrellas de papel..., y fui feliz.

Luego me reclamaste.
¿Por qué me había entregado a ti?
¿Por qué lloré cuando tu cielo tocó mis estrellas?
¿Cómo pude pensar que me querías por mi
cielo estrellado y no por mis
estrellas sentimentales?

Te entristeció mi ignorancia,
te arrepentiste de quitarme una
parte de mi cielo,
mas,
nunca te arrepentiste de haber
cedido tu cielo a mí,
sin importar el dolor en tu corazón
siempre estuviste dispuesto a mancharte
las manos llevándote *mi* dolor.

El instante en donde nos dimos cuenta
de que estaba creciendo nuestro aprecio,
dejó de gustarme la idea de pasar
todas mis noches contigo.
Porque nunca fui de las de ser valiente
por mis sentimientos,
no obstante,
tampoco era la de ocultar todo mi amor.
¿Cómo podría, si electrizabas
cada esquina mía?

Crecía y crecía,
hasta que dejó de ser aprecio y
ya no eran sólo toques inocentes,
pues, se volvieron inherentes,
y ahora tengo pintura en cada
parte de mi cielo,
por tus manos.
Y la pintura llegó a mi corazón, aun así,
no lo hubieses tocado.
Y se quedó ahí,
me manchó,
me la quise quitar
pero tu esencia permaneció.

Después,
aún ausente sentía tus tesoros zafiros
mirando mis virtudes, entonces, fue peor:
Las estrellas de papel se proliferaban
con impertinencia,
no pedían permiso,
eran recazos flojos a punto de
causar una catástrofe.

Ahí me di cuenta de que me estaba perdiendo en ti.

Escribí tu nombre hasta en los árboles,
tallé la madera sin que me
fuese suficiente tenerte,
necesitaba ostentarte,
no podía vivir una vida en donde
fueses sólo el espejo de mis faltas,
así que te veneré incluso en lo incierto,
cuando no había esperanza de
cambiar para bien.

Llevé el peso de tener al sol en mis
hombros, el sol se llevó la desgracia de caerse de los
hombros de una luna que solía llevarlo lejos,
al infinito y más allá, decían.
Aun así,
presumí tener un sol a mi lado todos los
días de mi vida con una armadura blanca que me
hacía estremecer,
con una nube tan grande que podría ser del
fondo de la galaxia,
una nube revuelta de buenos pensamientos,
de buenas intenciones,
con el corazón arropado de bien.

Te veneré en las calles,
te busqué hasta en la sopa
intentando encontrar tu nombre,
besaba el piso donde tus pisadas
dejaban marcas, y
aunque no te lo demostraba,
para mí fuiste la mejor estrella
que ha pasado por mi constelación.

A escondidas te admiré
con el nudo en mi garganta,
loco,
desesperado por decirte
qué tanto te amaba.
Reconozco que pude haber dado más,
pese a eso,
mi garganta se secó en el camino y
no me quedaban palabras para
abastecer el vacío que había dejado
yo en tu corazón.

Siento que debí mostrarte amor.
Siento..., siento,
siento, siento.
Siento demasiado y nunca muestro.
Siento que voy a explotar de tanto sentir,
pero no puedo permitirme vulnerar mi ego ante ti,
y entonces me pregunto:
¿de verdad te amaba?
Si ni siquiera pagué el precio
infalible por amarte.

Santos no fuimos porque
tocamos nuestros cielos demasiado pronto,
nos dejamos envolver por el calor de
nuestros brazos,
aparecimos en la cornisa
más puntiaguda,
en el borde más
peligroso del acantilado,
en el roce más
tentador de los besos.

Prestaste atención a mis piernas,
en cómo se complementaban
con las tuyas,
prestaste atención a mi boca,
en cómo se encontraba con la tuya,
ponías tus manos en el fuego de
nuestro corazón y por algún motivo aparente
no te quemabas;
porque era de ese
fuego del bueno,
que te hacía retorcer de placer,
que me hacía pensar en las posibilidades
ocurrentes de nuestras
pieles juntas.

¿Cómo podría compararte con alguien más?

Tus manos y tus labios
me enseñaron uno de los placeres
más grandes en la vida,
afortunada la que aprovechará
el momento que yo no y
dejará que la ames como es debido.

Pero también,
maldita sea,
porque la envidia que sentiría al verla
teniendo todo de ti me carcomería.
Sin que toques mis pechos,
sin que beses mi cuello.
¿Qué me quedaría más allá que el
recuerdo de tu tacto,
de tu amor,
de tu pasión,
de tus roces?
Se me es imposible pensar que debería
renunciar a la forma en la que se siente
cuando bajas por mi ombligo,
cuando subes por mis piernas,
cuando acaricias mi cintura,
cuando gimes en mi oído.
Y, ¿cómo seré capaz de afrontar que
otra persona podría decir lo mismo?

Antes de mí no es nada,
después de mí significa todo.
Porque conozco tu historia,
porque tú conoces la mía.
Cuando te conocí

no me importó tu pasado y
ahora que no te tengo
lo único que hago es pensar en tu futuro.
Porque no hay espacio en mi
cabeza para guardar el hecho de que
no eres mío y yo no soy tuya.
Al menos, no ahora,
porque alguna vez sí lo fui.

Despertar a tu lado.
Carezco de calor cada vez que me
falta tu presencia en mi cama.
Sólo abunda el frío, ya que,
no me dejas pensar en paz,
tu recuerdo no me permite superar
todo lo que me diste.
Y por eso me amo pensando en ti.
No sabría explicarte lo que asciende
desde la planta de mis pies cuando
aprendí a darme el amor que me dabas.
Se siente diferente,
de todos modos,
pensar en ti compensa las noches frías
o las mañanas solitarias.

Me enseñaste a ser fuerte
dentro de todas tus posibilidades,
atravesaste una caída que pegó duro en el
corazón y fue densa para el alma,
acariciaste mis demonios al igual que lo
hiciste con mis ángeles,
no te importó ensuciarte.

Tú me enseñaste que las
estrellas de papel podían ser fuertes
si las moldeábamos bien.
Y yo no envolvía mis estrellas con el
papel basto para hacerlas lo suficientemente
compactas y así poder amarte
como se debe.

Luego,
te infecté y mi veneno atravesó
tu sangre de una forma tan veloz,
que cuando intenté sanarte
no pude curarte de mi propio mal.

Te destrocé diez mil veces,
te levantaste veinte mil veces más.
De todas formas,
tus estrellas de papel no soportaron tanto
diluvio y me echaron por la puerta de tu fuente,
intenté llevármela conmigo,
pero mi prado no acepta extraños y
tampoco mi cielo.

Circunstancialmente,
mi cielo reconoció tus estrellas siempre,
incluso las veces estando oscuro.
Fuiste extraño antes,
eres extraño después,
no obstante,
mi nube siempre reconoció
tu sol y te ha dejado pasar.

Salir contigo es como
salir tomada de la mano de la suerte.
Siempre encontré refugió en tu
manera de observarme,
me sentía afortunada de pertenecerte
primero como una amiga.

Las tardes en donde nos
olvidábamos de quienes éramos,
fueron tardes en donde
aprovechamos de una vez por todas la
oportunidad que nos dio la vida,
de sentir, de vivir;
de reír, de gozar;
de llorar, de hacer todas las cosas que
soñásemos,
todo para una tarde
y era suficiente.

No poder verte me hacía sentir confundida,
quería estar contigo todo el tiempo,
quería verte,
quería sentirte sobre mí,
aunque de un abrazo se tratase.
Salíamos de noche a recibir la
brisa fresca en nuestra piel mientras
hablábamos sobre lo difícil que era la
vida en ese entonces.
Salíamos con la certeza de que podíamos
ser quienes éramos sin necesitar
la aprobación de nadie más.

Nos reíamos con la sonrisa en los ojos,
no mostrábamos nuestras
sonrisas de hueso, mas, sí las del alma.
Éramos pecados conjuntos.
Con el mismo propósito.
Con la misma salida.

Mi salida eras tú;
con cada abrazo,
con cada toque,
con el albor de las mañanas
cuando íbamos por la
carretera deleitándonos
con música.
Tu salida,
¿cuál era?
Hay días en que me gustaría
pensar que era yo,
sin embargo,
hay otros en los que estoy
casi segura de que no lo era.

Verdaderamente,
¿quién eras tú?
Si no te sentías lejano, extraño, desconocido...
¿¡Quién eras!?
Si nunca sentí que te dejé de conocer,
sólo que te conocía más.
No eras un presunto que aparentaba ser cercano.
Eras un ladrón.
Que se movía con sigilo detrás de mí
dando todo de sí para capturarme.

Recuerdo cuando me
buscabas en la universidad,
no tenía idea de que me
estuvieses esperando,
e incluso si lo hubiese sabido,
habría de sorprenderme.
Luego me llevabas al fin del
mundo contigo,
renunciábamos al placer de la
ciudad y reconocimos el
placer de la naturaleza.
Ojalá poderte presumir
con los árboles de nuevo,
con las flores y con los lagos.

Puedo admitir que lo
peor de esta situación es que
todas esas cosas las hice a
escondidas del mundo,
me avergonzaba de amarte,
porque me veía ridícula
haciéndolo,
porque tenía miedo de que te
gustase demasiado.
Al final,
¿quién tenía la razón?
¿Tu dolor o mi egoísmo?
Ninguno de los dos
indicaba a buenas situaciones.

Supe contigo que
conocer la importancia de
tener un amor es imprescindible.
Porque cada vez que me sentía sola,
ahí ibas tú a consolarme,
nunca sin antes preguntarme
qué quería o
qué necesitaba.
Normalmente,
te ibas por el sendero de lo que necesitaba,
no sólo querías complacerme,
querías buscar una solución a mis problemas también.
Me llevabas helado,
comida particularmente insana
dentro de muchos parámetros.
Todo para verme bien.

Victimizarme me salía barato y
no me causó problema hacerlo, tú
estuviste conforme con hacerme feliz,
por eso,
por un tiempo no le di importancia
a escenarios en donde apartabas tu
bienestar emocional y
mental para dármelo todo.

Por ti aprendí a conducir
con una mano sin guiarnos a la muerte.
Qué divertidos esos días,
cuando surgíamos desde la
idiotez por atrevernos a todo: a saltar desde un acantilado,
a subirnos en un globo aerostático,
a tocar las puertas de todo el vecindario,
saltar en paracaídas,
enamorarnos...

La última fue la idiotez más
loca que se nos pudo haber ocurrido.

Tú siempre te esmerabas con tus juegos de palabras, haciendo el ridículo para hacerme reír.

«Eres un "sabelotodo" ahora. Eso significa que no entendí ni una palabra de lo que dijiste».

«Era para probar mi punto».

«¿Cuál?».

«Sin importar las barbaries que diga, me vas a querer igual».

Tenías razón.

Descubrí el olor de tu piel.
Nunca más quise alejarme.
Quise apropiarme de tu esencia,
de tu intocable tez acendrada.
No me bastó con tenerte encima de mí,
tenías que ser mío,
necesitaba sentirte mío.
Siempre deseé que alguien me perteneciera
y tú lo hiciste demasiado fácil.
Corroboré tus altivas miradas,
queriendo seducirme,
al final,
a pesar de entregarme a ti,
terminaste siendo más
mío de lo que yo fui tuya.

Te escribí mi sentir sin pensar en el mundo,
te sentí en la tinta,
te sentí en mis trazos,
te aprecié en las palabras,
te encontré en los significados:

El amor es coruscante,
tan intachable, tan mirífico.
Y tu amor me devuelve a la vida,
Me envuelve, me entretiene.
Me alienta, me sostiene,
me besa y me estremece.
Tu amor me alivia, me sonríe,
tan puro, tan inmarcesible,
tan delicado, tan suave
y casi quimérico, pues
no se encuentra en todas partes.

Tu amor es perenne, sereno,
irreversible, eso dices.
Es concreto, es completo.
Y me basta hasta cuando no te siento.
Tan sublime, tan magnífico.
Con tu amor, me siento tu amiga.
El amor es incomparable, y estar contigo
me hace sentir imparable.
El amor eres tú. El amor soy yo.
Tan intachable y tan mirífico.

En todas las historias debe haber un lapso que hace decaer todo el sentido que le habías puesto a la vida.

Empecé a perder la cordura.

Nos estábamos perdiendo.
Nuestras diferencias salían a la luz sin ocultarse,
aquí está la prueba:

«¿Por qué odias el sol?», llegó tu voz a mí.
«¿Es que no te das cuenta?».
«No. Por eso te lo estoy preguntando».
«Es egocéntrico», mas, tu no entendiste,
¿cómo podrías, si amabas tu sol?
Te sorprendiste y tus cejas forjaron un camino de dudas,
Sin darle importancia,
decidiste ignorar toda hipótesis que te carcomiera la cabeza.
«¿Por qué odias la lluvia?», te deleité con mis palabras,
pues no había otra como yo en tu vida, al menos eso decías.
«Porque es fría e insistente», mas, no te entendí,
¿cómo podría, si yo me quería así tal cual era?

No sabía reconocer que había un
verdadero problema hasta que nos alejamos.
Te quería, te quiero.
Con lástima,
me encontré a mí misma en una
inexorable contrariedad.

«Nunca pensé que sería posible
encontrarme con una luna como tú y
estoy seguro de que jamás te imaginaste
besar los rayos de un sol como yo».
Me aparté.
Di un paso hacia atrás mientras me
mirabas con las ganas de sostenerme
y nunca dejarme ir.

Al momento de dejar
resbalar tu mano por mi brazo,
la dejaste a propósito
cuatro segundos más.
Suspiré,
mi respiración se cortó por
cuatro segundos
y volvió a mí cuando me di cuenta de que
ya estabas a
cuatro pasos de irte de mí.

Tú me decías:
«Eres la estrella que cambia mis noches».
Yo me negaba a significar tanto para ti,
porque, en el fondo,
me aborrecía tanto que me era
imposible amarme bien.
No te pedí por mucho,
pensé que quizá fue eso lo que te alejó.
Luego te exigí demasiado,
sin darme cuenta de que esa fue la
verdadera razón.
No establecí el balance que
creabas tú por mí aún con
furia dentro de tu corazón.
No me convencí de tu amor aún
cuando no sabías de qué otra
manera entregármelo.

Nos estábamos perdiendo.
Cuando me escribiste;
La certeza en tus ojos cuando
te pregunté si me amabas pareció irreal,
entonces no me alejé,
no me alejé hasta que me di cuenta del
cinismo en tu órbita,
supe que la culpa había sido mía,
al principio te culpé para no quedarme con el peso mayor.
Fue culpa de ambos.
El veredicto final lo di yo.

Nos estábamos perdiendo.
Tuve que moldear tanto tus
estrellas de papel,
que mis dedos dolían y se
acalambraban,
no podía seguir formando nuevas
estrellas sin lastimar mi cielo.
A mi parecer,
eso fue lo que me incentivó a
detenerme de amar tus estrellas,
me buscaste el mayor problema,
que fue amar con condición,
y como *no te sentí* reparando
mis estrellas de papel,
me alejé.

Ese siempre fue el detonante de
nuestra explosión, ¿no?
Tú rogándome por amor y
yo sin entender tus motivos.
Tú rogándome por amor y
yo subestimando el tuyo.
Para mí nunca fue insuficiente mi amor,
pero mi cien por ciento era como un cuarenta y ocho por
ciento para ti
y no podíamos pertenecernos
sin anhelar algo mejor.

Luego me di cuenta de que era
imposible mantener nuestras estrellas intactas,
por lo tanto,
surgió el momento en donde nuestras
estrellas no eran frágiles,

sino que se volvieron frías,
de un hielo azul oscuro.

Y aunque fuésemos el
camino cuesta arriba que
nos aturdía escalar,
juntos formábamos un arcoíris sin igual,
lleno de colores que alguna
vez nos enseñamos.
Resaltaba nuestro amor y
ahí nuestras estrellas de papel se secaban y
brillaban después de tanta tormenta,
las veíamos de rojo,
de morado,
de azul,
de amarillo; amarillo que me recordaba a ti;
azul que te recordaba a mí;
morado que alguna vez vimos en un atardecer;
rojo que salpicó de nosotros
cuando nuestros corazones dejamos caer.

Nos ensuciamos
de un barro que no me
permitía abrir los ojos,
por consecuencia,
de tu falta de afecto no me daba cuenta,
mas,
tu no veías del todo que te
hacía daño haciendo caso omiso
a tus plegarias,
porque perdías
tu orgullo rogándome

que te amase bien y
yo ganaba un golpe en el corazón
sin darme cuenta de que mi herida eras tú,
porque tu dolor era mi aflicción y
sin tu sonrisa no tenía paz,
a pesar de eso,
no podía detenerme de
causarte sufrimiento y
evitar que volvieras a mí,
porque yo era tu más grande
devoción y sin mí no
tenías una razón.

Luego aprendí que sin ti
tenía una vida sin sentido,
entonces empecé a buscarlo en tu fuente,
pero ya no estabas ahí,
tu presencia y esencia habían
dejado la escena,
esa en la que tus besos inundaron
la secuencia de mis labios
buscando tu perdón si tocaba tu cielo,
con delicadeza,
con pasión.
Si habría de verte,
hubiéramos vuelto a lo mismo
y yo no quería lo mismo
porque me aburría rápido,
pero no tenerte me carcomía
hasta los pasos,
así que nunca me aburrí,
sólo me obligaba a pasar de ti.

Nos estábamos perdiendo.

Mi tristeza te acompañaba a cada instante, hasta sin estar pensando en mí.

«Es mejor ahogarte en tus lágrimas que en el arrepentimiento de nunca haberlas derramado», susurraste en mi nuca.

«El arrepentimiento te mata más rápido».

«Exacto». Ahí plantaste un beso.

Entendí a lo que te referiste. Preferías que llorara mil veces a tu lado que evitar expresarte mis sentimientos, porque sufrías las consecuencias de ello.

Un día desperté en los brazos
de otro y recordé que el tiempo
pasaba demasiado rápido,
no pequé con la ilusión de superar
lo que alguna vez dejamos atrás,
pequé para encontrarte en otro.

Con remordimientos,
sin ataduras de por medio,
sin sentimientos,
sólo vaga esperanza.
Vago mi cielo, que no se detuvo a sentir en tus sentimientos;
vagos mis tesoros, que no se pararon a mirar el dolor;
vaga mi armadura; que no esbozó ni la menos grata de las sonrisas,
vagos mis pies; que no me guiaron por el camino correcto,
vaga mi mente; que divagó en lo incierto de tus porqués.
Vagos tú y yo; que no pudimos desencadenar
el más bello atardecer incluso
teniendo todos los colores para él.
Vaga mi alma; que traicionó la moral de su
dueña pensando que nada más sería un roce.
Vaga su dueña; que la culpa de sus decisiones.

Me lastimó tener que admitirte mi error,
lloraste sin consuelo,
te arrodillaste pidiendo explicaciones.
Y con toda la dolencia que habitó en ti,
te pusiste de pie y me dijiste: «Te perdono».

Después de eso,
fui yo la que iba llorando.
Porque, sí,
nos estábamos perdiendo y
mi solución fue dar por
terminado tu esfuerzo.

Te pedí que me amaras
aun con tu nube derrumbándose,
la que opacaba tu sol,
la que sombreaba las ondas de tus latidos.
Trabajamos en nosotros por años;
casi me obligaste a ir a terapia,
visitamos muchas iglesias,
nos hicimos amigos de una infinidad de parejas,
fuimos a ver a todos los expertos del amor.

Con todo eso y más,
no nos sentíamos conformes entre nosotros.
Y la autoestima descendió como un
ambulante en paracaídas.
Tenía que sacarte de tu burbuja de
desaliento y tú de la mía.
Porque tú me decías que no lo vales,
pero yo sabía que cada pedazo de ti valía la pena.
Y por eso me enamoré de ti.

Todo se fue por la borda,
con los estribos perdidos y
el timón enloquecido,
dando direcciones diversas,
atrayendo la perdición de los dos.
Porque cuando te vi arrodillarte con tus
ojos bañados de emoción,
me arrepentí de haberte hecho sentir tanto
cuando supe desde un
principio que esto no sería sufrible.
Salieron las palabras de tu boca y
sentí a mi mundo derrumbarse por el
obsequio inmerecido entre tus manos,
negué con sosiego sonriendo en mi tristeza.

Entendiste de inmediato lo que mis ojos
quisieron decir,
tu risa de gracia se apagó y
te levantaste del pavimento con la
esperanza de que te detuviese,
a pesar de haberla notado,
no lo hice,
te dejé irte con el lamento hecho un nudo en la garganta.
Tus amigos me llamaron loca y los míos también,
no comprendían cómo pude echar a un lado
tu amor incondicional.
Yo me pregunté lo mismo.

Por eso mi cielo todavía te extraña.
Te siente en sus piernas,
en sus dedos,
en su cuello está tu respiración.
Puedo decir que todavía te veo
entre mis sábanas con esa sonrisa
pícara que te caracterizaba,
¿todavía la tienes?
Luego de *esa* catástrofe no pude
revindicar mis prospectos de amor eterno.
Me di cuenta de que eran falsos,
pues yo sólo quería la parte buena
de tu amor y no lo oscuro,
incluso si tolerases el desborde
de mi mal genio y
mi aparente cinismo.

La fuente de tu amor desbordó por el prado que alguna vez resguardé para ti.

Nos estábamos perdiendo.

Después de la catástrofe, nos volvimos enemigos.

«Tu cielo me cubrió con la furia de tu rencor», murmuré.

«Te vi desde afuera y pensé que estabas llena».

«Yo sonreía por ti, todas las noches de cada maldito día, luego me di cuenta de que tú ni siquiera pensabas en mí».

El ego no me dejó enfrentar la mentira en mis palabras.

«Yo daba hasta el último pedazo de mi alma rota y tú ni siquiera me dabas un pedazo de tu sano corazón».

Para nada sano corazón, tú siempre me estimabas.

«Yo quería ser tu prioridad, pero ya eras feliz».

«Yo te quise a mi lado, pero tú decidiste partir».

Esas palabras me dolieron, porque es verdad, te abandoné por mucho tiempo sin ganas de conversar lo que había pasado.

Nos distanciamos para mal.

Nos alejamos para bien.

Si los huecos de tus hombros fueran un pozo seco, mis tesoros serían los que llenen ese altar por tanto llanto.

Este amor es imposible de digerir.
Nuestras estrellas de papel
no son lo suficientemente fuertes
para superar el desastre climático
que hemos causado.
Tú ya estás muy frío por mí,
yo ya estoy quemándome por ti.
Tu cariño se me ha adherido,
mi árido trato ya te consumió.

Tu tristeza fue la espada que me atravesó al denunciar mi desamor.

Noche plateada, día dorado.
Mi noche no fue suficiente para tu sol,
el frío se quedó entre los dos,
tu día se enamoró de mi luna
saliendo por el puerto de mi barco,
mi luna se enamoró de tu sol
cautivando el sendero de tu devoción.
Mi luna nueva salió en busca de ti,
no obstante,
tu sol se ocultó de mi renacer,
tu sol sacrificó su luz, aunque
mi luna no se haya convencido
de tu fervor.

Nos estábamos perdiendo y nos perdimos.
Nos perdimos en las aguas de tu mar;
nos perdimos en mi egoísmo,
en tu sol; en mi lluvia,
en tu prado, en mi fuente,
nos perdimos en tu armadura,
en tus tesoros,
en tu nube,
en tu día, en mi noche,
en nuestros cielos,
en nuestros corazones.

Nos perdimos por la eternidad.
Nos perdimos por el fin del mundo.
Nos perdimos para siempre,
guiándonos en el horizonte
de los errores.
Sin claridad en el camino, ¿cómo pensábamos encontrarnos?

Te extraño.
Me duele aceptar que cambiaste tanto.
Me duele pensar en lo que fuimos y ya no somos.
En los besos,
en las fricciones,
en las miradas y
salidas.

Te extraño.
Y me duele aceptar que ya no pienses en mí,
aun así,
tengo una esperanza de que no sea así.
Me duele extrañarte.
Me duele pensarte.
Me duele quererte.
Me duele amarte.
Y lo que más me duele, es que no he podido olvidarte.

Al fin y al cabo,
contigo aprendí a amar,
contigo aprendí que el amor no es
un sentimiento que se toma a la ligera,
sino que,
es una decisión que no puede
carecer de esperanza,
de deseo,
de perdón.

Aprendí que las mejores personas
son las que te aman
sin condición,
que los que te aman sí pueden lastimarte,
pero eso no significa que se
desvaneció el amor,
que hay que cuidarlo porque nunca
sabemos cuándo se va a ir volando.

Conocerte fue mi bendición y
tu partida fue la decadencia de
mi posibilidad de amar.

Tú fuiste la prueba de que
se puede tener todo y perderlo en
cuestión de minutos.
Minutos, porque la vida contigo
fue tan buena que los años
pasaban desapercibidos.
Me enseñaste a querer
como se debe, con confianza.
me enseñaste a ser quien soy

sin tener que dañar a los que amo.

Soy víctima de tu buen corazón,
quisiera serlo una y otra vez por el
resto de mi vida,
hasta el día en que muera,
cuando tenga otro amor,
cuando viva en soledad,
si despierto mañana,
si no despierto,
quiero formar parte de tu
crimen hasta que no haya otra
opción que abstenerte a
una cadena perpetua.

Aprendí que puedo ser
fuerte sin nadie más,
que puedo atravesar cualquier
obstáculo si tan sólo intento lo imposible.
Aprendí que las estrellas de papel son frágiles,
pero no podemos subestimar sus fuerzas
cuando de amar se trata.

Las palabras no se interpretan de inmediato, sino hasta que tenemos los residuos de la historia...

Yo amaba la lluvia, él la odiaba.
Yo odiaba el sol, él lo amaba.
Entonces, yo le enseñé a amar la lluvia y
él me enseñó a amar el sol.
Quién hubiera imaginado que nos romperíamos el corazón.
Sus estrellas de papel se mojaron con mi lluvia,
mis cariños de espinas se secaron por su sol.
Su sonrisa se quedó en aquel prado seco,
mi llanto prevaleció en aquella fuente, lejos.
Como una historia que no tiene fin,
como atril sin sustento.
Como un subcutáneo reencuentro,
remoto a lo que conocíamos como armamento.
Como un libro sin solapa, sus migajas no me bastan.
Como el río en el invierno, en su frío me encuentro.
En mis manos lo siento, con mis labios lo pienso.
En mis noches lo extraño,
en mis días lo quiero.
En mi piel se impregnó cuando lastimé su corazón.
De su piel desvanecí al no buscar el perdón.
Él amó la lluvia, yo amé el sol.
Nos enseñamos a amar con el costo de perder un amor.

Él

La amo hasta cuando no está conmigo,
cuando me odia,
cuando no deja que la toque,
cuando me sonríe,
cuando me ignora,
cuando me hace sufrir,
cuando me hace llorar,
cuando me entrega su amor y no lo admite.
La amo aun cuando no me ama.
La amo, en todo momento.
A cada hora,
cada minuto
y segundo.

Y sin importar que no me sepa amar,
siempre la recordaré como una lluvia que me ahogó
hasta que sólo fui arcoíris.
Porque ella te cambia,
transforma,
sea para bien o para mal,
aprendes algo diferente con ella.
Sé aún todas las cosas que me enseñó
porque todavía pienso en ella.

El bien no existe sin ella,
así como tampoco el mal,
el agua es oscura cuando está cerca,
es clara cuando está lejos,
de todas formas,
la amo sin pretextos,

todavía con su dolor en mí,
todavía en su tempestad,
no me importa su huracán
porque hasta en él siento paz.

Agradecimientos

Primero le quiero agradecer a Dios por haber puesto esta oportunidad en mi vida. A mi papá, Yose, por siempre entender mis sueños sin juzgarme, tener conversaciones profundas conmigo y entender todas mis opiniones.

Mis amigos (S,Y, A, H), por siempre estar ahí en los momentos importantes. Adriana Henríquez, gracias por apoyarme en todo lo que quiero y aconsejarme para hacerlo mejor, por leer y entender mis poemas. Ashly Fernández, gracias por tu amistad y apoyarme en el proceso cuando nadie sabía de la locura en la cual me había metido, gracias por emocionarte conmigo cuando recibía algún correo de la editorial.

A mi tío Daniel, tu valentía es una de las cosas que me inspiró para dar este paso. A Roberto, mi papá introvertido, gracias por todo tu apoyo, sin ti una parte muy importante de esto no hubiese sido posible. Por supuesto, a Universo de Letras y Planeta por ver el potencial en mi libro y ayudarme a publicarlo.

Y, por último, definitivamente no menos importante, mi madre, Elizabeth Báez, que siempre me ha apoyado sin importar qué pasará después, gracias por tu fe en mí y tus buenos deseos.